글 김은경 | **그림** 유난희

찍은날 2024년 6월 18일 초판 1쇄 | **펴낸날** 2024년 6월 27일 초판 1쇄

펴낸이 신광수 | **CS본부장** 강윤구 | **출판개발실장** 위귀영 | **디자인실장** 손현지

만화팀 조은지, 이은녕, 김수지, 노보람, 손주원, 변하영, 김다은, 정수현, 변우현, 정예진

출판디자인팀 최진아, 강륜아 | **저작권 업무** 김마이, 이아람

출판사업팀 이용복, 민현기, 우광일, 김선영, 신지애, 허성배, 이강원, 정유, 정슬기, 정재욱, 박세화, 김종민, 전지현, 정영묵

CS지원팀 강승훈, 봉대중, 이주연, 이형배, 이우성, 전효정, 장현우, 정보길

영업관리파트 홍주희, 이은비, 정은정

펴낸곳 (주)미래엔 서울특별시 서초구 신반포로 321 | 문의 미래엔 고객센터 1800-8890 팩스 02)541-8249

홈페이지 www.mirae-n.com | 출판등록 1950년 11월 1일 제16-67호

ISBN 979-11-6841-847-9 77700

파본은 구입처에서 교환해 드리며, 관련 법령에 따라 환불해 드립니다. 다만, 제품 훼손 시 환불이 불가능합니다.
값은 뒤표지에 있습니다.

KC 마크는 이 제품이 공통안전기준에 적합하였음을 의미합니다.
사용 연령: 8세 이상

모지모지 이건 뭐지?!

속담 1

글 김은경 | 그림 유난희

Mirae N 아이세움

★ 차례 ★

1화	간에 붙었다 쓸개에 붙었다 한다	8
2화	갈수록 태산	12
3화	누워서 떡 먹기	16
4화	눈 가리고 아웅	20
5화	눈에는 눈 이에는 이	24

★ 재미난 속담 퀴즈 ★ ········· 28

6화	도토리 키 재기	30
7화	돌다리도 두들겨 보고 건너라	34
8화	김칫국부터 마신다	38
9화	똥 묻은 개가 겨 묻은 개 나무란다	42
10화	말이 씨가 된다	46

★ 재미난 속담 퀴즈 ★ ········· 50

11화	물에 빠지면 지푸라기라도 잡는다	52
12화	미운 아이 떡 하나 더 준다	56
13화	바늘 도둑이 소도둑 된다	60
14화	병 주고 약 준다	64
15화	빈대 잡으려고 초가삼간 태운다	68

⭐ 재미난 속담 퀴즈 ⭐ ········· 72

16화	선무당이 사람 잡는다	74
17화	쇠귀에 경 읽기	78
18화	시장이 반찬	82
19화	우물 안 개구리	86
20화	웃는 낯에 침 뱉으랴	90

⭐ 재미난 속담 퀴즈 ⭐ ········· 94

21화	원수는 외나무다리에서 만난다	96
22화	원숭이도 나무에서 떨어진다	100
23화	은혜를 원수로 갚는다	104
24화	작은 고추가 더 맵다	108
25화	하늘이 무너져도 솟아날 구멍이 있다	112

⭐ 재미난 속담 퀴즈 ⭐ ········· 116

⭐ 정답 ⭐ ········· 118

★등장인물★

바두기

상상력이 풍부하고 자존감이 높다.
불행한 상황이 닥쳐도
초긍정 마인드로 떨쳐 버린다.

하루

활달하고 낙천적인 성격이다.
자신을 강한 호랑이로 알고 있지만
현실은 종이 호랑이다.

지핑크

눈치를 많이 보는 편이며, 힘이 세다.
곰처럼 듬직하게 생겼지만
동작이 날쌘 토끼다.

에스라지

팔다리가 자유자재로 늘어나며,
무엇이든 잘 고친다. 그 외에도
신비로운 능력을 갖고 있다.

싹수

호기심과 질문이 많은 편이다.
책 읽는 것을 좋아하여, 이것저것
아는 것이 많은 똑똑이다.

간에 붙었다 쓸개에 붙었다 한다

모지모지 친구들이 놀이터에서 신나게 놀고 있네요.

속담 더 알아보기

간에 붙었다 쓸개에 붙었다 한다

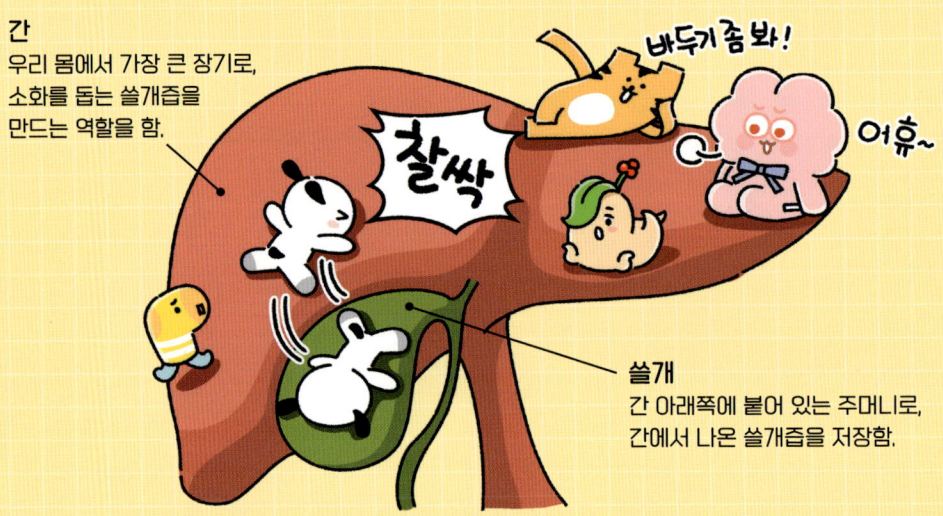

간
우리 몸에서 가장 큰 장기로, 소화를 돕는 쓸개즙을 만드는 역할을 함.

쓸개
간 아래쪽에 붙어 있는 주머니로, 간에서 나온 쓸개즙을 저장함.

이 속담의 뜻은 뭐지 뭐지?!

자기에게 이익이 된다면, 이편저편 가리지 않고 왔다 갔다 함을 뜻해요. 간식을 준다는 싹수에게 붙었다가, 웃긴 춤을 춰 준다는 하루에게 붙으려고 한 바두기처럼요. 바두기는 간식보다는 웃긴 춤을 추는 하루를 보는 것이 자기에게 더 이익이 된다고 생각한 모양이에요.

같은 단어가 쓰인 속담을 알아볼까?

등 치고 간 내먹다
겉으론 위해 주는 척하며,
속으론 해를 끼친다는 말

쓸개 빠진 놈
정신을 차리지 못하는
사람을 이르는 말

빈칸에 속담을 써 보자!

| 간 | 에 | | 붙 | 었 | 다 | | 쓸 | 개 | 에 |
| 붙 | 었 | 다 | | 한 | 다 | | | | |

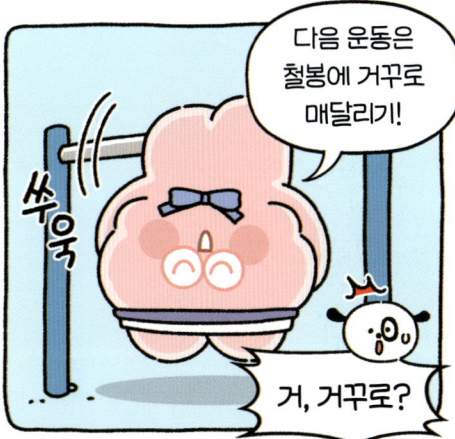

속담 더 알아보기

갈수록 태산

이 속담의 뜻은 뭐지 뭐지?!

'태산'은 크고 높은 산을 뜻해요. 즉, 이 속담은 가면 갈수록 눈앞에 점점 더 크고 높은 산이 나타나는 것처럼, 시간이 지날수록 점점 더 어려운 상황에 빠지는 경우를 이르는 말이지요. 바두기도 하면 할수록 더 어려운 운동을 해야 했으니, 갈수록 태산이었겠네요.

같은 단어가 쓰인 속담을 알아볼까?

태산을 넘으면 평지를 본다
힘든 일이 지나간 후엔
반드시 좋은 일이 온다는 말

티끌 모아 태산
아무리 작은 것이라도
계속 모으면 큰 것이 된다는 말

 빈칸에 속담을 써 보자!

갈	수	록		태	산				

속담 더 알아보기

누워서 떡 먹기

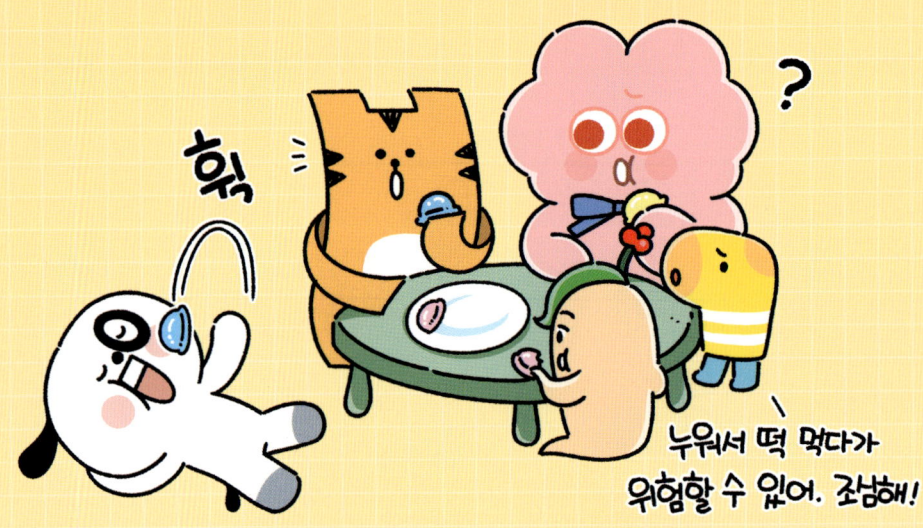

누워서 떡 먹다가 위험할 수 있어. 조심해!

이 속담의 뜻은 뭐지 뭐지?!

텔레비전을 보며 비스듬히 누운 채로 과자를 먹는 모습을 떠올려 보세요. 무척 쉬운 일이죠? 이처럼 누워서 떡 먹기는 애쓰지 않아도 하기가 굉장히 쉬운 일을 뜻하는 속담이에요. 하지만 누워서 음식을 먹으면 음식이 목구멍에 걸려 위험할 수 있으니, 되도록 음식은 앉아서 먹는 것이 좋아요.

같은 단어가 쓰인 속담을 알아볼까?

떡 본 김에 제사 지낸다
우연한 기회에
계획했던 일을 해치운다는 말

떡에 밥주걱
어떠한 일을 하나도 모르는
사람을 이르는 말

빈칸에 속담을 써 보자!

누	워	서		떡		먹	기		

눈 가리고 아웅

속담 더 알아보기

눈 가리고 아웅

이 속담의 뜻은 뭐지 뭐지?!

눈을 가리고 "아웅!" 소리를 내어 고양이인 척하려는 것처럼, 얕은 꾀를 내어 남을 속이려고 한다는 뜻이에요. 열이 펄펄 나면서도 헤헤 웃으며 친구들에게 감기약을 먹은 척하려던 바두기처럼 말이지요.

또 이 속담은 '보람도 없을 일을 괜히 하는 척함'을 이르는 말이기도 해요.

같은 단어가 쓰인 속담을 알아볼까?

눈에 콩깍지가 씌었다
눈이 가려져 어떠한 것을
제대로 보지 못함을 이르는 말

눈이 보배다
눈썰미가 있어서 한번 본 것을
까먹지 않음을 이르는 말

빈칸에 속담을 써 보자!

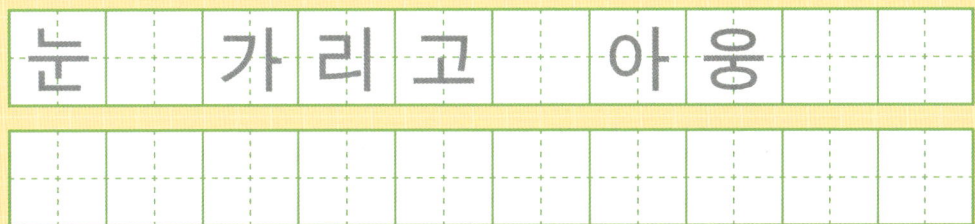

눈에는 눈 이에는 이

속담 더 알아보기

눈에는 눈 이에는 이

이 속담의 뜻은 뭐지 뭐지?!

누군가 나에게 피해를 준 만큼, 나도 그 사람에게 똑같은 피해를 줘 되갚아 주는 것을 뜻해요. 누군가 나의 눈을 찌르면, 나도 그 사람의 눈을 찌르고, 누군가 나의 이를 부러뜨리면, 나도 그 사람의 이를 부러뜨려서 똑같이 복수해 주는 것처럼 말이지요.

같은 단어가 쓰인 속담을 알아볼까?

눈 뜨고 도둑맞는다

번번이 알면서도
손해를 본다는 말

눈 감고 따라간다

아무 생각 없이
남을 뒤따른다는 말

빈칸에 속담을 써 보자!

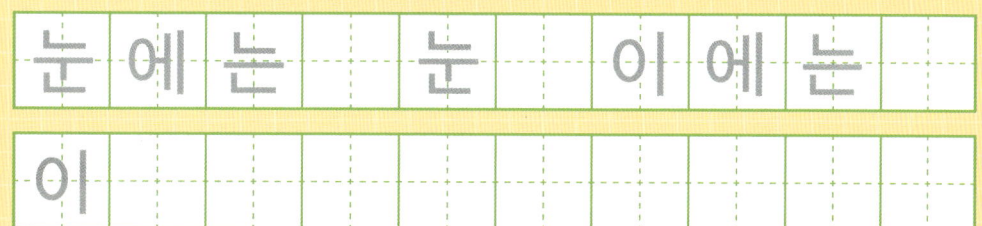

재미난 속담 퀴즈

 보기를 보고 빈칸에 들어갈 알맞은 단어를 골라 써 보세요.

1 ☐에 붙었다 ☐ ☐에 붙었다 한다

2 갈수록 ☐ ☐

3 누워서 ☐ 먹기

4 ☐ 가리고 아옹

5 ☐ 에는 눈 ☐ 에는 이

보기 떡 / 간 / 눈 / 이 / 태산 / 쓸개

 **OX 퀴즈** 다음 설명이 맞으면 O, 틀리면 X를 고르세요.

'갈수록 태산'은 시간이 지날수록 점점 더 어려운 상황에 빠지는 경우를 이르는 말이에요.

'누워서 떡 먹기'는 어떤 일을 하는 것이 아주 어렵다는 것을 이르는 말이에요.

 **작대기 퀴즈** 다음 속담과 어울리는 그림을 서로 연결해 주세요.

티끌 모아 태산 •

눈에 콩깍지가 씌었다 •

* 정답 118쪽 *

속담 더 알아보기

도토리 키 재기

 이 속담의 뜻은 뭐지 뭐지?!

도토리는 키가 대체로 비슷비슷해요. 그러니 어느 도토리의 키가 더 큰지 비교하는 것은 의미가 별로 없겠지요? 따라서 이 속담은 생김새나 실력, 재능 등이 서로 비슷한 사람끼리 누가 더 잘났는지 견주어 볼 필요가 없다는 뜻이랍니다. 같은 뜻의 속담으로는 '난쟁이끼리 키 자랑하기'가 있어요.

 **같은 단어가 쓰인 속담을 알아볼까?**

개밥에 도토리

무리에 끼지 못하는
사람을 이르는 말

키는 작아도 담은 크다

키는 작지만
용감한 사람을 이르는 말

 **빈칸에 속담을 써 보자!**

도	토	리		키		재	기		

7화

돌다리도 두들겨 보고 건너라

앗, 그새 어두워졌네. 얼른 돌아가야겠다.

그러게, 어서 집에 가자!

바두기와 싹수가 신나게 밤을 따다가 그만 밤이 되고 말았어요.

돌다리도 두들겨 보고 건너라

 이 속담의 뜻은 뭐지 뭐지?!

돌다리를 건너기 전에 다리를 두들겨서 안전한지 확인해 보는 것처럼, 아무리 잘 아는 일이라도 서두르지 말고 한 번 더 확인을 해야 한다는 뜻이에요. 이렇게 조심조심 주의를 기울이면, 예상치 못한 사고가 일어나거나 실수를 저지르는 일을 예방할 수 있을 거예요.

 비슷한 의미를 가진 속담을 알아볼까?

아는 길도 물어 가랬다
잘 아는 일이라도
세심하게 주의하라는 말

얕은 내도 깊게 건너라
모든 일엔 항상
조심해야 한다는 말

 빈칸에 속담을 써 보자!

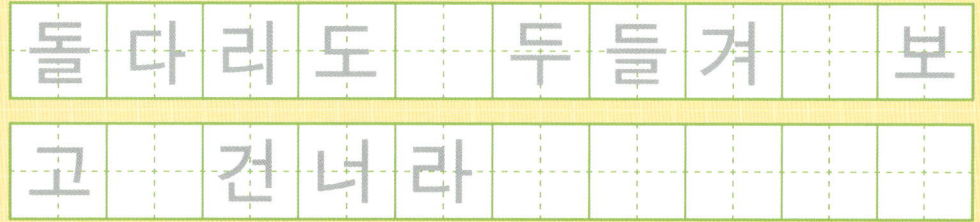

＊내 시냇물보다 크고 강보다 작은 물줄기.

김칫국부터 마신다

속담 더 알아보기

김칫국부터 마신다

 이 속담의 뜻은 뭐지 뭐지?!

옛날에는 떡을 먹다가 목이 막히면, *동치미 같은 김칫국을 마셨어요. 그런데 누군가에게 떡을 받아먹기도 전에, 떡 먹고 목이 막힐 것을 생각하여 김칫국부터 마시는 건 너무 섣부른 행동이겠죠? 즉, 이 속담은 상대방은 어떠한 일을 해 줄 생각이 없는데 이미 다 된 일처럼 행동한다는 뜻이에요.

* **동치미** 소금에 절인 무로 만든 맑은 물김치.

 **같은 단어가 쓰인 속담을 알아볼까?**

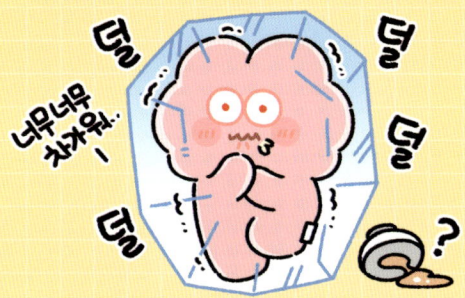

김칫국 채어 먹은 거지 떨듯

남들은 괜찮은데 혼자
추워서 덜덜 떨고 있다는 말

김칫국 먹고 수염 쓴다

사소한 일을 하고
큰일을 한 것처럼 으스댄다는 말

 **빈칸에 속담을 써 보자!**

| 김 | 칫 | 국 | 부 | 터 | | 마 | 신 | 다 |

| | | | | | | | | |

* **채다** 재빠르게 센 힘으로 빼앗거나 훔치다.

똥 묻은 개가 겨 묻은 개 나무란다

바두기와 싹수, 하루가 도시락을 싸서 소풍을 왔어요.

속담 더 알아보기

똥 묻은 개가 겨 묻은 개 나무란다

 **이 속담의 뜻은 뭐지 뭐지?!**

고약한 냄새가 풀풀 나는 똥보단, 곡식을 찧어 벗겨 낸 껍질인 '겨'가 훨씬 덜 더럽겠지요? 즉 이 속담은 자기에겐 더 큰 흉이 있으면서, 남의 작은 흉을 본다는 말이에요. 자기는 더 맛없는 음식을 만들어 와 놓고는, 싹수가 만들어 온 샌드위치를 맛없다며 흉보는 바두기처럼요.

* 흉 남에게 비웃음을 받을 만한 일.

 **같은 단어가 쓰인 속담을 알아볼까?**

똥 친 막대기

아무 데도 못 쓰게 된 물건을 뜻하는 말

똥 덩이 굴리듯

쓸데없는 물건이라 함부로 다룬다는 말

 **빈칸에 속담을 써 보자!**

| 똥 | 묻은 | 개가 | 겨 |
| 묻은 | 개 | 나무란다 |

말이 씨가 된다

 이 속담의 뜻은 뭐지 뭐지?!

땅에 씨를 심으면 싹이 트고 열매를 맺는 것처럼, 무심코 말하던 것이 실제로 이루어졌을 때를 뜻해요. 싹수가 "너 그네에서 떨어진다?!"라고 말하자마자 지핑크가 그네에서 떨어진 것처럼요. 이처럼 말에는 엄청난 힘이 있어요. 그러니 어둡고 부정적인 말보단 밝고 긍정적인 말을 하는 것이 좋겠지요?

 **같은 단어가 쓰인 속담을 알아볼까?**

가는 말이 고와야 오는 말이 곱다
다른 사람에게 말을 좋게 해야
자신에게도 좋은 말이 돌아온다는 말

말 한마디에 천 냥 빚도 갚는다
말만 잘하면 어려운 일도
해결할 수 있다는 말

 **빈칸에 속담을 써 보자!**

| 말 | 이 | | 씨 | 가 | | 된 | 다 | | | |
| | | | | | | | | | | |

재미난 속담 퀴즈

 보기를 보고 빈칸에 들어갈 알맞은 단어를 골라 써 보세요.

1 도토리 ☐ 재기

2 ☐☐☐ 도 두들겨 보고 건너라

3 ☐☐☐ 부터 마신다

4 ☐ 묻은 개가 ☐ 묻은 개 나무란다

5 말이 ☐ 가 된다

보기 김칫국 / 똥 / 키 / 겨 / 씨 / 돌다리

 **OX 퀴즈** 다음 설명이 맞으면 O, 틀리면 X를 고르세요.

'도토리 키 재기'는 비슷비슷한 것끼리 비교할 필요가 없다는 뜻이에요.   O   X

'말이 씨가 된다'는 무심코 말하던 것이 안 이루어졌을 때 하는 말이에요.   O   X

 **작대기 퀴즈** 다음 속담과 어울리는 그림을 서로 연결해 주세요.

똥 친 막대기   •   •

말 한마디에 천 냥 빚도 갚는다   •   •

* 정답 118쪽 *

물에 빠지면 지푸라기라도 잡는다

속담 더 알아보기

물에 빠지면 지푸라기라도 잡는다

 **이 속담의 뜻은 뭐지 뭐지?!**

지푸라기는 *짚의 부스러기를 뜻해요. 가늘고 약해서 잘 끊어지지요. 물에 빠지면 살기 위해 무엇이든 잡겠지요? 그것이 조금만 힘을 줘도 끊어져 버리는 지푸라기라도 말이에요. 즉, 이 속담은 위험한 상황이 닥치면 그것을 해결하고자 아무거나 붙잡고 본다는 뜻이지요.

*짚 벼 등의 이삭을 떨어낸 줄기와 잎.

같은 단어가 쓰인 속담을 알아볼까?

물 밖에 난 고기
운명이 이미 결정되어
벗어날 수 없다는 말

물 건너온 범
기세가 어느 정도 꺾인 사람을
비유적으로 이르는 말

 빈칸에 속담을 써 보자!

| 물 | 에 | | 빠 | 지 | 면 | | 지 | 푸 | 라 |
| 기 | 라 | 도 | | 잡 | 는 | 다 | | | |

미운 아이 떡 하나 더 준다

속담 더 알아보기

미운 아이 떡 하나 더 준다

 **이 속담의 뜻은 뭐지 뭐지?!**

미운 사람일수록 더 잘 대해 주고, 나쁜 감정을 쌓지 말아야 한다는 뜻이에요. 욕심을 부린 싹수에게 친구들이 떡을 하나씩 나눠 준 것처럼 말이지요. 그렇게 행동해야 상대를 미워하는 마음이 사그라지기도 하고, 반대로 상대에게 미움을 받지 않을 수도 있답니다.

 **같은 단어가 쓰인 속담을 알아볼까?**

미운 쥐도 품에 품는다

미운 사람일수록
더 잘 대해야 한다는 말

**어른 말을 들으면
자다가도 떡이 생긴다**

어른의 말을 들으면 이익이 생긴다는 말

 **빈칸에 속담을 써 보자!**

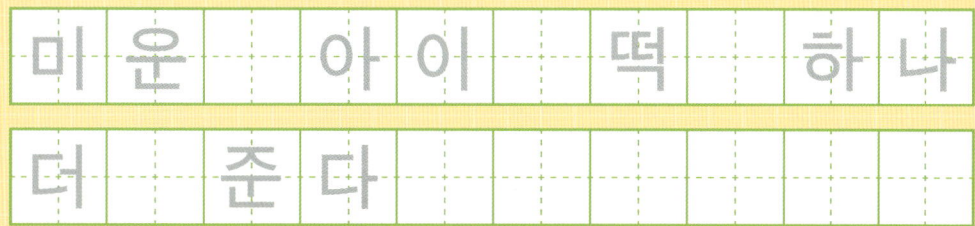

바늘 도둑이 소도둑 된다

바늘 도둑이 소도둑 된다

 **이 속담의 뜻은 뭐지 뭐지?!**

바늘처럼 작은 것을 계속 훔치다 보면 결국 소처럼 큰 것도 훔치게 된다는 말로, 사소한 죄를 계속 짓다 보면 결국 큰 죄까지 저지르게 된다는 뜻이에요. 친구들 몰래 공용 텃밭의 작은 딸기를 따 먹다가, 점점 대범해져 커다란 수박을 몰래 가져가 먹으려고 했던 바두기처럼 말이지요.

 **같은 단어가 쓰인 속담을 알아볼까?**

바늘 가는 데 실 간다
매우 가까운 사이를 비유적으로 이르는 말

바늘로 몽둥이 막는다
당해 낼 수 없는 힘으로 큰 것을 막으려는 어리석은 행동을 비꼬는 말

 **빈칸에 속담을 써 보자!**

병 주고 약 준다

속담 더 알아보기

병 주고 약 준다

 이 속담의 뜻은 뭐지 뭐지?!

남에게 피해를 끼쳐 놓고는 다시 그 사람을 도와주는 척한다는 말로, 겉으로는 부드러워 보이나 속이 엉큼한 사람의 모습을 뜻해요. 바두기가 자기를 싫어할까 봐 걱정하는 지핑크에게 괜한 말을 하여 충격을 줬다가, 다시 좋은 말을 하는 싹수처럼 말이에요.

 ## 같은 단어가 쓰인 속담을 알아볼까?

병에는 장사 없다
아무리 튼튼한 사람도
병에 걸리면 골골댄다는 말

모르면 약이요 아는 게 병
아무것도 모르면
마음이 오히려 편하다는 말

 ## 빈칸에 속담을 써 보자!

병	주	고	약	준	다

* 장사 몸집이 크고 힘이 매우 센 사람.

빈대 잡으려고 초가삼간 태운다

하루가 친구들을 저녁 만찬에 초대했어요.

우와~!!

초롱 초롱

너희를 위해 솜씨 좀 뽐내 봤어.

꺄~~

하루야, 고마워! 잘 먹을게!

샤랄라~

속담 더 알아보기

빈대 잡으려고 초가삼간 태운다

 **이 속담의 뜻은 뭐지 뭐지?!**

빈대는 사람의 피를 빨아 먹는 벌레예요. 초가삼간은 세 칸밖에 안 되는 *초가집을 뜻하지요. 즉 이 속담은 작은 빈대를 잡기 위해 집을 다 불태워 버리는 것처럼, 하찮은 것을 없애려고 큰 피해를 입을 것을 생각하지 않는 모습을 뜻해요. 파리를 잡으려고 밥상을 엎어 버린 바두기처럼요.

★ **초가집** 우리나라의 옛 집으로, 짚이나 갈대 등으로 지붕을 얹은 집.

같은 단어가 쓰인 속담을 알아볼까?

빈대도 낯짝이 있다
지나치게 염치없는 사람을
나무라는 말

절은 타도 빈대 죽는 게 시원하다
손해를 보더라도 마음에
안 드는 것을 없애는 게 좋다는 말

 빈칸에 속담을 써 보자!

| 빈 | 대 | | 잡 | 으 | 려 | 고 | | 초 | 가 |
| 삼 | 간 | | 태 | 운 | 다 | | | | |

재미난 속담 퀴즈

 **빈칸 퀴즈** 보기를 보고 빈칸에 들어갈 알맞은 단어를 골라 써 보세요.

1. 물에 빠지면 ☐☐☐☐ 라도 잡는다

2. 미운 아이 ☐ 하나 더 준다

3. 바늘 도둑이 ☐ 도둑 된다

4. ☐ 주고 ☐ 준다

5. ☐☐ 잡으려고 초가삼간 태운다

보기 소 / 약 / 병 / 지푸라기 / 떡 / 빈대

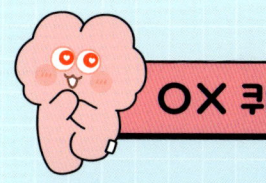 **OX 퀴즈** 다음 설명이 맞으면 O, 틀리면 X를 고르세요.

'미운 아이 떡 하나 더 준다'는 미운 상대에게 더 잘 대해 주어야 한다는 뜻이에요.

'병 주고 약 준다'는 아픈 사람에게 물병과 알약을 준다는 뜻이에요.

 **작대기 퀴즈** 다음 속담과 어울리는 그림을 서로 연결해 주세요.

병에는 장사 없다 • •

바늘로 몽둥이 막는다 • •

* 정답 119쪽 *

속담 더 알아보기

선무당이 사람 잡는다

 이 속담의 뜻은 뭐지 뭐지?!

선무당은 자기가 하는 일에 서투른[*] 무당을 뜻해요. 즉, 이 속담은 선무당이 서툰 실력으로 다른 사람의 운을 예측했다가 그 사람에게 피해를 줄 수 있는 것처럼, 능력이 없는 사람이 함부로 나서다가 큰일을 저지를 수 있다는 뜻이랍니다.

*　**무당** 귀신을 섬기며, 운의 좋고 나쁨을 예측하는 사람.

 **같은 단어가 쓰인 속담을 알아볼까?**

혹시가 사람 잡는다
대책을 세우고 있지 않다가 얻는 나쁜 결과를 경계하는 말

오기에 쥐 잡는다
쓸데없이 오기를 부리다가 *낭패를 본다는 말

 **빈칸에 속담을 써 보자!**

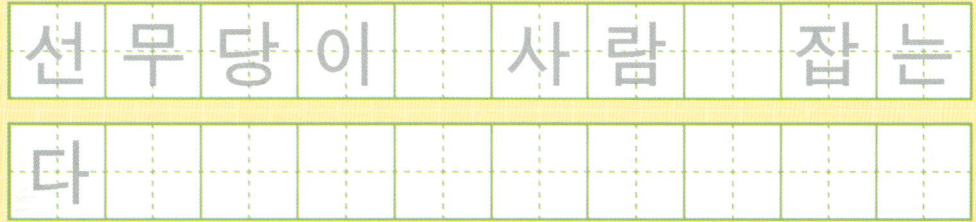

선무당이 사람 잡는다

* **낭패** 계획한 일이 실패하거나, 상황이 아주 어렵게 됨.

쇠귀에 경 읽기

속담 더 알아보기

쇠귀에 경 읽기

 **이 속담의 뜻은 뭐지 뭐지?!**

소의 귀에 대고 경을 읽어 봤자 소가 이해하고 깨닫기는 어려운 것처럼, 아무리 말해 주고 가르쳐 주어도 알아듣지 못하는 경우를 이르는 말이에요. 에스라지가 우산을 챙기라고 아무리 말했어도, 결국 빈손으로 나타나서 비에 쫄딱 젖은 바두기와 하루의 경우처럼요.

★ 경 유교나 불교의 사상과 교리를 써 놓은 책.

 **같은 단어가 쓰인 속담을 알아볼까?**

소 잃고 외양간 고친다
일이 잘못된 뒤에는 손을 써도
소용없음을 뜻하는 말

황소 뒷걸음치다가 쥐 잡는다
어쩌다 우연히 이루어 낸 일을
비유적으로 이르는 말

 빈칸에 속담을 써 보자!

| 쇠 | 귀 | 에 | | 경 | | 읽 | 기 | | | |

| | | | | | | | | | | |

* **외양간** 말이나 소를 가두어 기르는 곳.

속담 더 알아보기

시장이 반찬

 **이 속담의 뜻은 뭐지 뭐지?!**

배가 고프면 반찬이 없어도 밥이 아주 맛있다는 뜻이에요. 속담에 쓰인 '시장'은 물건을 사는 시장이 아니라, 배가 고프다는 의미를 지니고 있어요. 너무 배가 고파 반찬 하나 없이 밥 한 그릇을 뚝딱 해치운 바두기처럼 같은 음식이라도 배고플 때 먹으면 더 맛있게 느껴진답니다.

 **같은 단어가 쓰인 속담을 알아볼까?**

시장하면 밥그릇을 통째로 삼키나
아무리 사정이 급해도 지켜야 할 것은 지켜야 한다는 말

고양이에게 반찬 달란다
상대에게 매우 중요한 것을 달라고 요구하는 말

 **빈칸에 속담을 써 보자!**

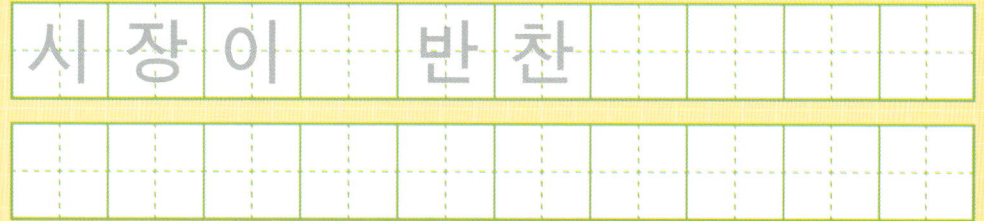

우물 안 개구리

속담 더 알아보기

우물 안 개구리

 이 속담의 뜻은 뭐지 뭐지?!

세상의 일을 제대로 알지 못하거나, 아는 것도 없으면서 자기가 잘났다고 착각하는 사람을 뜻하는 속담이에요. 좁은 우물 안에서 사는 개구리는 밖으로 나간 적이 없어 그곳이 온 세상인 줄 알 거예요. 모지모지랜드에서만 살아 세상에 다양한 나라가 있다는 걸 알지 못했던 바두기처럼요.

 **같은 단어가 쓰인 속담을 알아볼까?**

개구리 올챙이 적 생각 못 한다
과거를 잊고 처음부터 자신이
잘난 사람인 척 뽐냄을 이르는 말

개구리 삼킨 뱀의 배
보기와 달리 고집이 센
사람을 이르는 말

 **빈칸에 속담을 써 보자!**

우 물 　 안 　 개 구 리

웃는 낯에 침 뱉으랴

속담 더 알아보기

웃는 낯에 침 뱉으랴

 이 속담의 뜻은 뭐지 뭐지?!

아무리 실수를 해도 해맑게 웃는 얼굴을 한 사람에겐 나쁘게 대하기 힘들다는 뜻이에요. 속담에 쓰인 '낯'은 얼굴을 의미하지요. 시꺼멓게 탄 식빵을 가져와서는 환하게 웃으며 다음번에는 제대로 만들어 오겠다고 말하는 바두기를 차마 나쁘게 대할 수 없는 것처럼요.

 **같은 단어가 쓰인 속담을 알아볼까?**

웃는 집에 복이 있다
늘 웃음꽃이 피는 집에는
행복이 찾아온다는 말

누워서 침 뱉기
남을 해치려다 도리어
자신이 해를 입는다는 말

 **빈칸에 속담을 써 보자!**

| 웃 | 는 | | 낯 | 에 | | 침 | | 뱉 | 으 |
| 랴 | | | | | | | | | |

재미난 속담 퀴즈

 보기를 보고 빈칸에 들어갈 알맞은 단어를 골라 써 보세요.

1 선무당이 ☐☐ 잡는다

2 쇠귀에 ☐ 읽기

3 ☐☐이 반찬

4 우물 안 ☐☐☐

5 웃는 ☐에 ☐ 뱉으랴

보기 낯 / 개구리 / 사람 / 시장 / 침 / 경

 **OX 퀴즈** 다음 설명이 맞으면 O, 틀리면 X를 고르세요.

'쇠귀에 경 읽기'는 공부를
열심히 하는 사람을 이르는 말이에요.

'웃는 낯에 침 뱉으랴'는 웃는 사람에겐
나쁘게 대하기 힘들다는 뜻이에요.

 **작대기 퀴즈** 다음 속담과 어울리는 그림을 서로 연결해 주세요.

개구리 올챙이 적
생각 못 한다 • •

혹시가 사람 잡는다 • •

★ 정답 119쪽 ★

원수는 외나무다리에서 만난다

속담 더 알아보기

원수는 외나무다리에서 만난다

 이 속담의 뜻은 뭐지 뭐지?!

'원수'는 원한을 품을 정도로 싫어하는 사람을, '외나무다리'는 한 개의 통나무로 만든 다리를 뜻해요. 외나무다리는 길이 하나이니, 거기서 원수를 마주친다면 피할 수 없겠죠? 이처럼 이 속담은 피할 수 없는 장소에서 싫어하는 사람을 우연히 만나게 된 불편한 상황을 뜻해요.

★ **원한** 억울한 일을 당해 나쁜 감정이 쌓인 마음.

 **같은 단어가 쓰인 속담을 알아볼까?**

원수는 순으로 풀라

이후에 탈이 나지 않도록 원수는 순리로 풀라는 말

입이 원수

말을 잘못하여 피해를 입게 된 경우를 뜻하는 말

 **빈칸에 속담을 써 보자!**

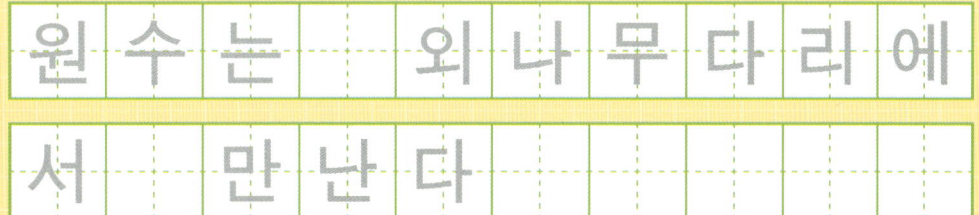

* 순리 순한 이치나 도리.

속담 더 알아보기

원숭이도 나무에서 떨어진다

 **이 속담의 뜻은 뭐지 뭐지?!**

나무를 오르내리는 데 익숙한 원숭이도 간혹 나무에서 떨어지는 경우가 있듯이, 아무리 능숙하게 잘하는 일이라도 종종 실수가 생길 때가 있음을 뜻하는 속담이에요. 고장 난 물건을 잘 고치는 에스라지가 지핑크의 휴대폰을 더 고장 내 버린 것처럼요.

 **같은 단어가 쓰인 속담을 알아볼까?**

원숭이 흉내 내듯
생각 없이 남을 따라
하는 것을 이르는 말

원숭이 똥구멍같이 말갛다
필요가 하나도 없거나
보잘것없는 것을 이르는 말

 **빈칸에 속담을 써 보자!**

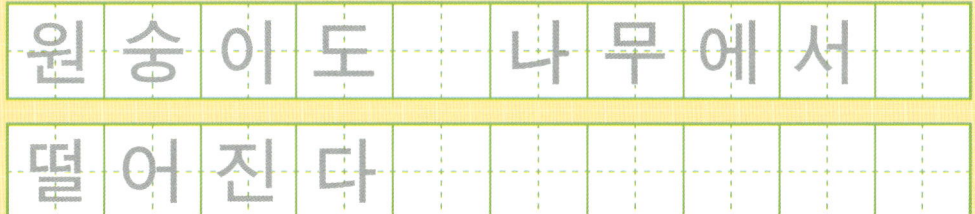

* 말갛다 생기가 있고 맑다.

은혜를 원수로 갚는다

은혜를 원수로 갚는다

 **이 속담의 뜻은 뭐지 뭐지?!**

누군가에게 도움을 받았으면 감사하며 보답을 해야 하는데, 오히려 그 사람에게 해를 끼친다는 뜻이에요. 숨바꼭질을 하던 중, 자신을 숨겨 준 지핑크에게 은혜를 갚진 못할망정, 지핑크가 숨어 있는 곳을 술래인 에스라지에게 말해 버린 바두기처럼 말이지요.

 **같은 단어가 쓰인 속담을 알아볼까?**

날 샌 은혜 없다

시간이 지나면 은혜를 쉽게 잊게 된다는 말

욕은 욕으로 갚고 은혜는 은혜로 갚는다

남이 날 대접하는 것만큼만 나도 남을 대접한다는 말

 **빈칸에 속담을 써 보자!**

| 은 | 혜 | 를 | | 원 | 수 | 로 | | 갚 | 는 |
| 다 | | | | | | | | | |

24화
작은 고추가 더 맵다

속담 더 알아보기

작은 고추가 더 맵다

 **이 속담의 뜻은 뭐지 뭐지?!**

고추는 대부분 크기가 작을수록 맵다고 해요. 이 속담은 작은 고추가 큰 고추보다 맵듯이, 작은 사람이 큰 사람보다 재주가 더 뛰어나고 무슨 일이든 똑 부러지게 한다는 뜻이지요. 모지모지 친구들 중에서 몸집이 제일 작은 싹수가 친구들과의 수영 시합에서 1등을 한 것처럼 말이에요.

 ## 같은 단어가 쓰인 속담을 알아볼까?

고추보다 후추가 더 맵다

뛰어난 사람보다
더 뛰어난 사람이 있다는 말

쥐 새끼 쇠새끼보고 작다 한다

자기보다 큰 것을
얕잡아 본다는 말

 ## 빈칸에 속담을 써 보자!

| 작 | 은 | | 고 | 추 | 가 | | 더 | | 맵 |
| 다 | | | | | | | | | |

하늘이 무너져도 솟아날 구멍이 있다

속담 더 알아보기

하늘이 무너져도 솟아날 구멍이 있다

 이 속담의 뜻은 뭐지 뭐지?!

하늘이 무너지는 것 같은 어려운 경우에 처하더라도, 이겨 나갈 방법이 있다는 뜻이에요. 큰 문제가 생겨 눈앞이 깜깜해도, 희망을 갖고 계속 노력한다면 그 문제를 해결할 방법이 분명 생길 거예요. 바두기가 나무에 걸린 풍선을 꺼내려고 끝까지 노력했듯이 말이에요.

 같은 단어가 쓰인 속담을 알아볼까?

하늘은 스스로 돕는 자를 돕는다
어떤 일이든 목표를 이루기 위해서는 자신의 노력이 중요하다는 말

하늘의 별 따기
무엇을 얻거나 성취하기가 어려운 경우를 이르는 말

 빈칸에 속담을 써 보자!

| 하 | 늘 | 이 | | 무 | 너 | 져 | 도 | | 솟 |
| 아 | 날 | | | 구 | 멍 | 이 | | 있 | 다 |

재미난 속담 퀴즈

 보기를 보고 빈칸에 들어갈 알맞은 단어를 골라 써 보세요.

1 원수는 ☐☐☐☐☐에서 만난다

2 ☐☐☐도 나무에서 떨어진다

3 은혜를 ☐☐로 갚는다

4 작은 ☐☐가 더 맵다

5 ☐☐이 무너져도 솟아날 ☐☐이 있다

보기 원숭이 / 고추 / 하늘 / 원수 / 구멍 / 외나무다리

 **OX 퀴즈** 다음 설명이 맞으면 O, 틀리면 X를 고르세요.

'작은 고추가 더 맵다'는 몸집이 큰 사람보다 작은 사람이 재주가 더 뛰어나다는 뜻이에요.

'원숭이도 나무에서 떨어진다'는 익숙한 일도 간혹 실수를 할 때가 있다는 뜻이에요.

 **작대기 퀴즈** 다음 속담과 어울리는 그림을 서로 연결해 주세요.

원숭이 똥구멍같이 말갛다   •   •

하늘의 별 따기   •   •

* 정답 120쪽 *

재미난 속담 퀴즈 정답

28-29쪽

빈칸 퀴즈 보기를 보고 빈칸에 들어갈 알맞은 단어를 골라 써 보세요.

1. 간 에 붙었다 쓸개 에 붙었다 한다
2. 갈수록 태산
3. 누워서 떡 먹기
4. 눈 가리고 아웅
5. 눈 에는 눈 이 에는 이

보기: 떡 / 간 / 눈 / 이 / 태산 / 쓸개

OX 퀴즈 다음 설명이 맞으면 O, 틀리면 X를 고르세요.

'갈수록 태산'은 시간이 지날수록 점점 더 어려운 상황에 빠지는 경우를 이르는 말이에요. ⭕ ✗

'누워서 떡 먹기'는 어떤 일을 하는 것이 아주 어렵다는 것을 이르는 말이에요. ○ ❌

작대기 퀴즈 다음 속담과 어울리는 그림을 서로 연결해 주세요.

티끌 모아 태산

눈에 콩깍지가 씌었다

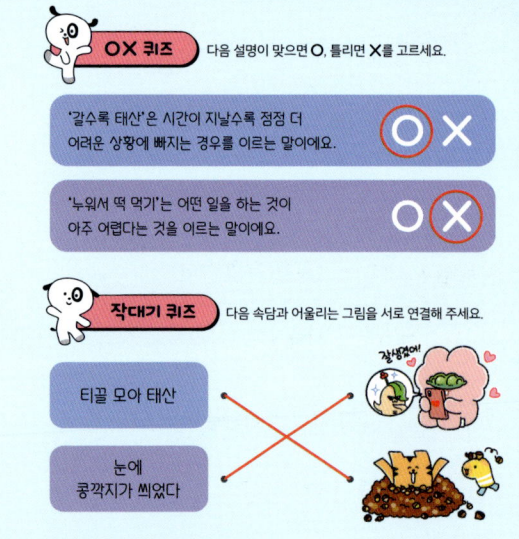

50-51쪽

빈칸 퀴즈 보기를 보고 빈칸에 들어갈 알맞은 단어를 골라 써 보세요.

1. 도토리 키 재기
2. 돌 다 리 도 두들겨 보고 건너라
3. 김 칫 국 부터 마신다
4. 똥 묻은 개가 겨 묻은 개 나무란다
5. 말이 씨 가 된다

보기: 김칫국 / 똥 / 키 / 겨 / 씨 / 돌다리

OX 퀴즈 다음 설명이 맞으면 O, 틀리면 X를 고르세요.

'도토리 키 재기'는 비슷비슷한 것끼리 비교할 필요가 없다는 뜻이에요. ⭕ ✗

'말이 씨가 된다'는 무심코 말하던 것이 안 이루어졌을 때 하는 말이에요. ○ ❌

작대기 퀴즈 다음 속담과 어울리는 그림을 서로 연결해 주세요.

똥 친 막대기

말 한마디에 천 냥 빚도 갚는다

72-73쪽

 **빈칸 퀴즈** 보기를 보고 빈칸에 들어갈 알맞은 단어를 골라 써 보세요.

1 물에 빠지면 　지　푸　라　기　 라도 잡는다
2 미운 아이 　떡　 하나 더 준다
3 바늘 도둑이 　소　 도둑 된다
4 　병　 주고 　약　 준다
5 　빈　대　 잡으려고 초가삼간 태운다

보기 소 / 약 / 병 / 지푸라기 / 떡 / 빈대

OX 퀴즈 다음 설명이 맞으면 O, 틀리면 X를 고르세요.

'미운 아이 떡 하나 더 준다'는 미운 상대에게 더 잘 대해 주어야 한다는 뜻이에요. 　**O**　 X

'병 주고 약 준다'는 아픈 사람에게 물병과 알약을 준다는 뜻이에요. 　O　 **X**

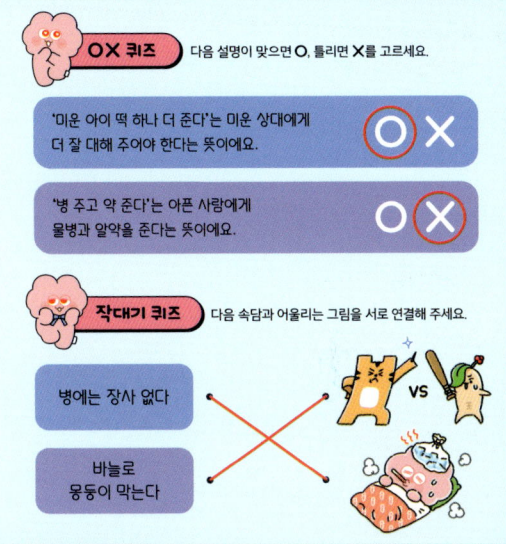

작대기 퀴즈 다음 속담과 어울리는 그림을 서로 연결해 주세요.

병에는 장사 없다
바늘로 뭉둥이 막는다

94-95쪽

 **빈칸 퀴즈** 보기를 보고 빈칸에 들어갈 알맞은 단어를 골라 써 보세요.

1 선무당이 　사　람　 잡는다
2 쇠귀에 　경　 읽기
3 　시　장　이 반찬
4 우물 안 　개　구　리　
5 웃는 　낯　에 　침　 뱉으랴

보기 낯 / 개구리 / 사람 / 시장 / 침 / 경

OX 퀴즈 다음 설명이 맞으면 O, 틀리면 X를 고르세요.

'쇠귀에 경 읽기'는 공부를 열심히 하는 사람을 이르는 말이에요. 　O　 **X**

'웃는 낯에 침 뱉으랴'는 웃는 사람에겐 나쁘게 대하기 힘들다는 뜻이에요. 　**O**　 X

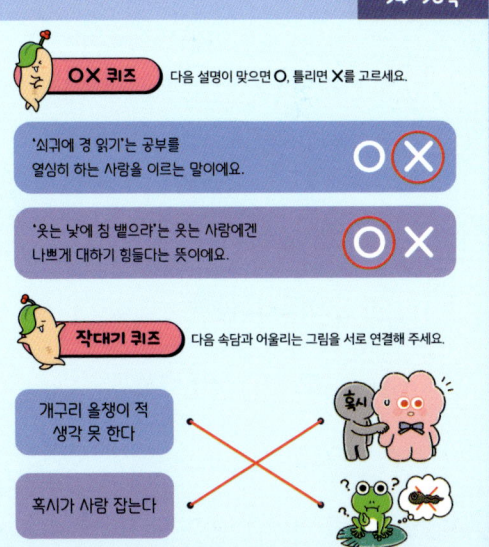

작대기 퀴즈 다음 속담과 어울리는 그림을 서로 연결해 주세요.

개구리 올챙이 적 생각 못 한다
혹시가 사람 잡는다

빈칸 퀴즈 보기를 보고 빈칸에 들어갈 알맞은 단어를 골라 써 보세요.

1 원수는 외나무다리 에서 만난다
2 원숭이 도 나무에서 떨어진다
3 은혜를 원수 로 갚는다
4 작은 고추 가 더 맵다
5 하늘 이 무너져도 솟아날 구멍 이 있다

보기: 원숭이 / 고추 / 하늘 / 원수 / 구멍 / 외나무다리

OX 퀴즈 다음 설명이 맞으면 O, 틀리면 X를 고르세요.

'작은 고추가 더 맵다'는 몸집이 큰 사람보다 작은 사람이 재주가 더 뛰어나다는 뜻이에요. ⭕ ❌

'원숭이도 나무에서 떨어진다'는 익숙한 일도 간혹 실수를 할 때가 있다는 뜻이에요. ⭕ ❌

작대기 퀴즈 다음 속담과 어울리는 그림을 서로 연결해 주세요.

원숭이 똥구멍같이 말갛다
하늘의 별 따기

116-117쪽

다음 권에서 또 만나요!

120